Lluvia, Chai & Luz

PRIMERA EDICIÓN, JUNIO 2021

© Laura F. M. 2021

Editado por Axioma Editores, 2020

Editora: Vanessa Bedoya Díaz

Portada: Laura F. M.

ISBN: 978-958-49-2869-6

Impreso y hecho en Colombia

Para mi mamá, el ser humano
más cálido y lleno de luz que
conozco.

Contenido

LLUVIA

Esta noche el dolor decidió disfrazarse de ira

Días de lluvia
llenos de pequeñas gotas que caen una detrás de la otra
inofensivas, diminutas y escurridizas gotas
que logran mojar todo a su paso,
que logran empapar todo en cuestión de minutos
solo para desaparecer igual de fácil

Harán parte ahora, del inevitable vacío universal del olvido
ese vacío al que llegan recuerdos, amores y lagrimas

Hades me clama
lo puedo oír todas las noches
todos los días

Allá voy compasivo amigo
en esta desolada tierra
dejaré este cuerpo que me prestaron
admitiré su mal estado
traté de cuidarlo
pero la guerra lo marcó con unas cuantas cicatrices

¡Eso sí!
Está mejor que mi alma
esta alma inadvertida
que hará del pozo profundo del inframundo
su nuevo hogar

Solo eso era
sencilla
ilógica
e injustificada
tristeza

Hay un grito encerrado en su garganta

un grito sentenciado a cadena perpetua

Atrapada

Atrapada en una habitación oscura
pequeña
consumida
llena de miedos y de inseguridades
al borde de la locura
a instantes de caer en las garras de la demencia

Sola, en una habitación al parecer vacía
sin embargo, habitada por mis demonios
a punto de perder la cordura por completo
lista para rendirme

Entonces decido abrir la puerta
salir, no escapar
salir, con ellos
tratar de ignorarlo
hasta que los pasillos me lleven de nuevo
a la misma habitación

Bajo la lluvia

Ama caminar bajo la lluvia
sentir cómo el cielo llora sobre ella
unas gotas caen con más ganas que otras
como si llevaran el peso de más dolor

Sana

De la nada, una vieja herida sin sanar se infectó
fue entonces consciente del dolor que le producía tal herida
una herida que por tanto tiempo fingió no tener

Siento la súbita necesidad de huir
lo hago, salgo huyendo
a pesar de ello, por más lejos que huya
no encuentro la paz que busco
tal vez solo intento huir de mí

El cielo se llenó de nubes y de lluvia

pero el invierno

el invierno hace ya mucho tiempo había llegado

Ira

Un ataque nuclear no se compara
con la inmensa explosión
que está a punto de detonar en mí
no alcanzas a imaginar
lo peligrosa que puedo ser
o la ira que guardo bajo llave
o el monstruo que se prepara para despertar

Tú, y solo tú
logras despertar ese infierno que arde en mí
ese infierno que trato y trato de mantener apagado

Humanos

Veo las noticias
me pregunto si realmente merecemos habitar
este hermoso y lastimado planeta que equívocamente nos acogió
veo las noticias, quiero llorar
veo las noticias, quiero esconder a mi hijo en un búnker
veo las noticias, me inunda la ansiedad y el miedo
veo las noticias y lo que menos me asusta es un virus
porque hay humanos con la capacidad de hacer más daño
porque hay humanos que no les importa matar
herir a otros seres humanos
a otros seres vivos
es un ciclo sin fin de daño y muerte

Veo las noticias
veo humanos deshumanizados
humanos que matan a los más pequeños
a los más grandes
veo humanos que hieren a los indefensos
veo humanos desconectados de su madre: La Tierra
veo humanos que quieren sentirse más que otros

Veo las noticias y ya no veo humanos

Entonces el escritorio se llenó
de valiosos papeles
sin importancia

Ángel de la oscuridad

Solo por esta noche de octubre
acompáñame en espíritu

Poe, ángel de la oscuridad
espero ser digna de tu visita
no vivo en una mansión de cortinas purpuras
pero a mi pequeño apartamento
lo abruma la soledad
lo encierra la niebla todas las mañanas
y está lleno de melancolías

Se rehúsa la joven orquídea
a recibir el calor del sol:
"No lo necesito", declara
se esconde en la tiniebla
misántropa de luz y mártir de amor
no sabe que poco a poco
se torna en mortífera hiedra
ahuyenta la luz y la vida
que se presentaban como obsequio
perdiendo la razón con su pretexto de víctima

Conozco la paciencia
conozco el sufrimiento
son amigos que caminan de la mano

¿Quién es esta multitud de extraños
que pretende conocerme
y se atreve a juzgarme?

Si nadie estuviera mirando

me dejaría caer al suelo

a descansar

a soñar

o a morir

Fui entonces a revisar el dique
tenía enormes grietas
era ya demasiado tarde para intentar arreglarlo
ese dique iba a colapsar con la siguiente brisa

La inundación fue inminente

Sentirse empoderada

a pesar de ello

no tener poder

Y parecía el fin

no el fin, en un sentido apocalíptico

sino el fin del mundo como lo conocíamos

¿Alguien puede oírme?

¡Necesito ayuda!

Mi valentía se agota

Estoy en piloto automático hace un largo tiempo

no he hecho más que conducir y conducir

sin ruta

sin destino

y con un tanque de combustible a medio llenar

¿Dónde está mi cabeza?

¿Cómo la recupero?

¿Alguna vez me perteneció?

¿Qué estoy haciendo?

¿Por qué estoy peleando?

¿Por qué tengo que pelear?

¿Cuál es mi propósito?

¿Cuál?

Alguien que me diga, por favor

estoy tan cansada de buscar

¿Por qué no puedo simplemente acostarme y desaparecer?

¿Hay algún premio si logro llegar al final de la tormenta?

Me desmorono, pero no hay quién me recoja

Se vio directamente a los ojos

no encontró nada

ni una sola pista

¿quién era esa extraña que la observaba fijamente?

Soñar
soñar o morir
ignorar la realidad
la absurda realidad
de este quijotesco planeta

Vivir
vivir en ese mundo paralelo
lleno de sentido y vida
más vida que un minuto de un lunes
anestesia sin control que alimenta el alma
esta alma anoréxica
con antojo de vida

¿Qué se siente?

¿qué se siente ser valorada?

¿qué se siente ser apreciada?

¿Qué se siente?

¿Qué siente el sol

cuando un friolento caminante lo abraza y le agradece?

¿Qué siente la lluvia

cuando una pequeña sube la mirada, cierra los ojos y le sonríe?

¿Qué se siente?

En el blanco parece haber espacio para todo

pero no cabe nada

En el negro cabe todo

pero se encuentra escondido

CHAI

Esta mañana el dolor decidió disfrazarse de **esperanza**

Mis manos en posición de plegaria te sostienen
caliente, envolvedor y embriagador chai
inunda con tu fragancia mi cuerpo
que tus especias intensas despierten mi juicio
que tu mezcla aromática encienda mi corazón

No todas las personas llegan a tu vida para ser tus amigos

algunas llegan a tu vida para ser tus maestros

Deja de criticar los pocos defectos
que me arrebatan el título de perfecta
empieza a admirar las muchas virtudes
que me hacen una incansable guerrera

Aislada,
reprimida,
odiada,
poca cosa,
sin importancia,
sin valor,
exiliada,
excluida

Me rehúso a que me hagas sentir así,
mi valor
solo lo determino yo

¿Será que esta curita me sana una herida en el alma?

¿Realmente pensaste
que levantarte esta mañana
no fue gran cosa?
¿pensaste que no fue nada?

Lo fue todo

Intenta una y otra vez
ver las estrellas
en las noches más oscuras
la calma
tras las poderosas tormentas
y las sonrisas
en medio de una multitud de preocupaciones

Cierra los ojos pequeña
ahora, abre tu alma
hazlo
tomate tu tiempo

Siente la diferencia
y nunca más los vuelvas a abrir
no hasta que aprendas
"lo que ves, nunca es lo que es"

¿Eres consciente hoy

ya

justo ahora

de que estás respirando?

Mi cuerpo tiene algunas cicatrices
son constelaciones en el firmamento de mi piel
no todas tienen un nacimiento feliz
a pesar de ello todas brillan
todas son bellas

Son bellas
sencillamente porque están en mi cuerpo

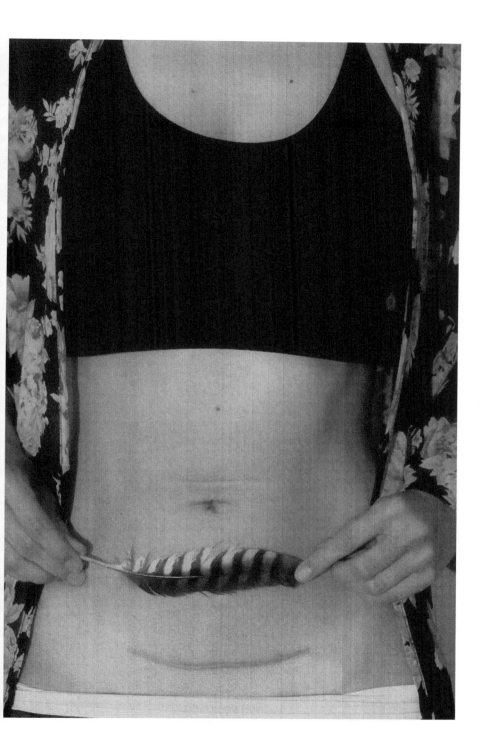

Bosque hechizado
que proteges hadas y duendes
protégeme a mí también
y en mis sueños te visitaré

No soy hada, no soy duende
pero dispongo de magia que sorprende

Ya verás
dame la oportunidad
de ser una habitante más

Solo en las noches me tendrás
pues en el día solo una humana encontrarás

Sé que me perdonarás

Piérdete en la más oscura de las noches

y encontrarás las estrellas

Por siempre
pidiendo deseos
a estrellas fugaces

Tan fuerte, tan frágil

Decidí quitarme la armadura
decidí quedar desnuda y vulnerable
decidí taparme los oídos
decidí gritarle al mundo que te quería

Laura F.M.

Gota a gota cae
como elixir preciado del olimpo
último esfuerza de Hera
quien se rehúsa a desconectarse de su bebé por completo

Blanca lluvia
blanca y pura
como sus intenciones de nutrir y saciar

Eso que está a punto de salir de tu boca
¿viene desde un lugar de compasión?

Hoy perdono todo el daño que en mí he hecho
todas las veces que quise arrancar los sentimientos de mi pecho

Las muchas más que me vi fea frente al espejo
y dudé de la perfección de mi reflejo

Cuando no alimenté correctamente a mi cuerpo
y mi espíritu adelgazó casi a sus cimientos

Hoy me perdono por el pasado
ya estoy lista para agradecer lo logrado

El cazador por fin salió de su cueva
y el tímido ciervo agarró la escopeta
ambos corrieron
ambos huyeron
la luna fascinada se escondió a observar la cacería
dejando el bosque oscuro
solo iluminado por la esperanza en sus corazones
y una que otra curiosa luciérnaga

Hasta que finalmente de tanto huir
se encontraron
observaron el sudor, el temor y lagrimas en el otro
ambos cazadores, ambos presas
jugando a ser Dios
entendiendo la debilidad
y la increíble fortaleza en su oponente

Se marcharon

Algún día moriré

Lo sé

Me volveré cenizas y alimentaré un árbol frutal

algún día dejaré este cuerpo

Lo sé

pero hoy no es ese día

así que déjame disfrutarlo

déjame vivir este presente

porque ayer ya no me importa

y no he pensado aun en mañana

Y entonces me dijo al oído:

"Esta vida

tu vida

te la he ofrecido por décadas

es tuya si la quieres"

Es mi aventura

es mi camino

solo para mí debe tener sentido

Danza divina

El viento, con una fuerza invisible se acercó al árbol
de forma sigilosa pasó sin excepción por cada una de las ramas
acariciándolas tiernamente
entonces, como si de Peter Pan se tratara
lo siguieron todas y cada una de las hojas secas
buscando ir al país de Nunca Jamás
para permanecer por siempre jóvenes
salieron danzando por el aire

Ella observaba con fascinación
el último suspiro de vida de las hojas
sentía que podía volar con ellas

Finalmente, el viento disminuyó su fuerza
dejándolas caer sutilmente sobre su cabeza

Cuando todas terminaron de caer, levantó la mirada
comprendió en ese momento
que todo ese bello espectáculo
era solo una distracción
un preámbulo
y que el verdadero acto de magia
era lo que quedaba atrás
un árbol lleno de vida y esperanza

L
U
Z

Esta tarde el dolor decidió **irse**

Aquí ya no encontraras oscuridad sin fin
hoy, la luz abunda en mis calles
así que, encuentra otro lugar donde hospedarte

La luz y yo hicimos por fin las paces

La puerta del amor
la única puerta que antes no había sido abierta
guardaba la respuesta de TODO

Encendía una vela durante la tormenta
invocando la luz
invocando la calma
invitando a la meditación
solicitando detenerse
solicitando estar presente
y solo respirar

Haber pasado tanto tiempo en la oscuridad
te da la ventaja de reconocer fácilmente la luz

Tocó el amarillo a mi ventana

y no lo dudé

le abrí

No sabía que había en mí
tantos besos
tantos "te amo"

Podría respirar en medio de besos
y hablar solo con "te amo"

Mientras el mundo duerme
yo te observo
yo te respiro
yo sueño con tus sueños

Cada día de tu vida
es un milagro en la vida mía

Hoy me conecto
con mamá luna
con papá sol
pues son uno
son yo

Oración de buenas noches

Paz en tu mente
serenidad en tu cuerpo
aventuras en tus sueños
y calor en tu corazón

Son mis deseos para esta noche
que amanezcas lleno de motivación
y que tú día esté lleno de emoción

Alguien una vez me acusó de creerme una reina

¡Y así es!

¿Esta reina?

Está construyendo su propio reino

su propio castillo

sus propias reglas

y es perfecto

Está lleno de magia

de ventanas que miran al cosmos

y habitantes sin prejuicios

En mi reino respetamos la naturaleza

aplaudimos las diferencias

aceptamos personas y animales de todos los colores

y amamos, amamos, amamos

¿Sería tan horrible si te acostumbraras a dormir
con caricias en tu cara
y con besos en tu frente?

Dicen que hogar
es en donde tu corazón está
es por eso que siento tanta calma
al las estrellas mirar

La mirla escurridiza
se asoma entre los eugenios
con su pico naranja
con sus patas a veces mostaza
con esos ojos hipnotizantes
con sus pequeñas zancadas juguetonas
con su danza y su cantar melodioso

Cuanto quisiera unirme
a esos saltos de felicidad
y cantares matutinos

Mas mirla no soy
ser humano, eso sí
piernas saltarinas que me invitan a bailar
y ojos con los que mirlas puedo observar

En los eugenios te espero
alada amiga
en un día de esos alucinantes
en los que saltaremos y cantaremos

Gran chaman lunar
conjurador de elementos que no te osan desafiar
encantador de mariposas
admirador del viento y sus danzas
oh, como me llenas de enseñanzas

La tierra en tus manos, se filtra por tus dedos
mientras el aire obedece todos tus deseos

Tocas las plantas a tu alcance con cariño y delicadeza
reconociéndolas, saludándolas, está en tu naturaleza

Con tu llegada, la orquesta cambia de entonación
viento, plantas, árboles, e incluso el limón
pues ha llegado el gran director

Olvido que tienes 12 meses
quizás observo a alguien de 1.200 años
veo sabiduría, conocimiento, perfectos ojos ermitaños

Solo gracias me quedan por dar
gracias, por permitirme ser parte de la vida
de este gran hechicero estelar

La magia de las 5

El sol se filtraba por los árboles, delicada pero intensamente entraba por la ventana del dormitorio, a esa hora el sol se tornaba dorado y todo lo que tocaba se veía bello. No importaban las dificultades, ni las preocupaciones, todo parecía tener solución, los problemas no se veían tan graves, las prioridades en la vida cambiaban, los aromas eran diferentes, el viento movía las hojas como dirigiendo una sinfónica, todo estaba en paz; era la magia de las cinco.

La calidez del ambiente te abrazaba, los pájaros se oían más felices y era la única hora del día en la que estabas consciente del aire que entraba por tu nariz; recorría tus pulmones, cada una de tus células y lentamente te llenaba de vida, era el único momento en que te dedicabas, sin importar que tan ocupada estuvieses, a mirar por la ventana y detallar toda la belleza que te rodeaba.

Los colores se veían más vivos, más brillantes, pero, ¿en realidad cambiaban los colores? ¿O cambiaban tus ojos? Cambiaba tu forma de percibir el mundo, cambiabas tú, cambiaban tus ideas y hasta tu elocuencia.

Un pájaro canta mientras un par de ardillas juguetean, un perro le ladra a un extraño, casi parece que secretamente el universo estuviese componiendo una canción, hasta los carros parecían formar parte de ella.

Todo el estrés del día valía la pena solo por esa hora y por esos rayos de sol, te sentías capaz de afrontar el día a día solo esperando que llegaran las cinco.

Entonces, llegan pasadas las seis, es cuando te das cuenta que la magia se acabó y que es tiempo de regresar a la realidad.

Made in the USA
Columbia, SC
21 December 2022

72272082R00059